O alfaiate valente

RECONTADO POR
Ana Maria Machado

ILUSTRADO POR
Bruno Nunes

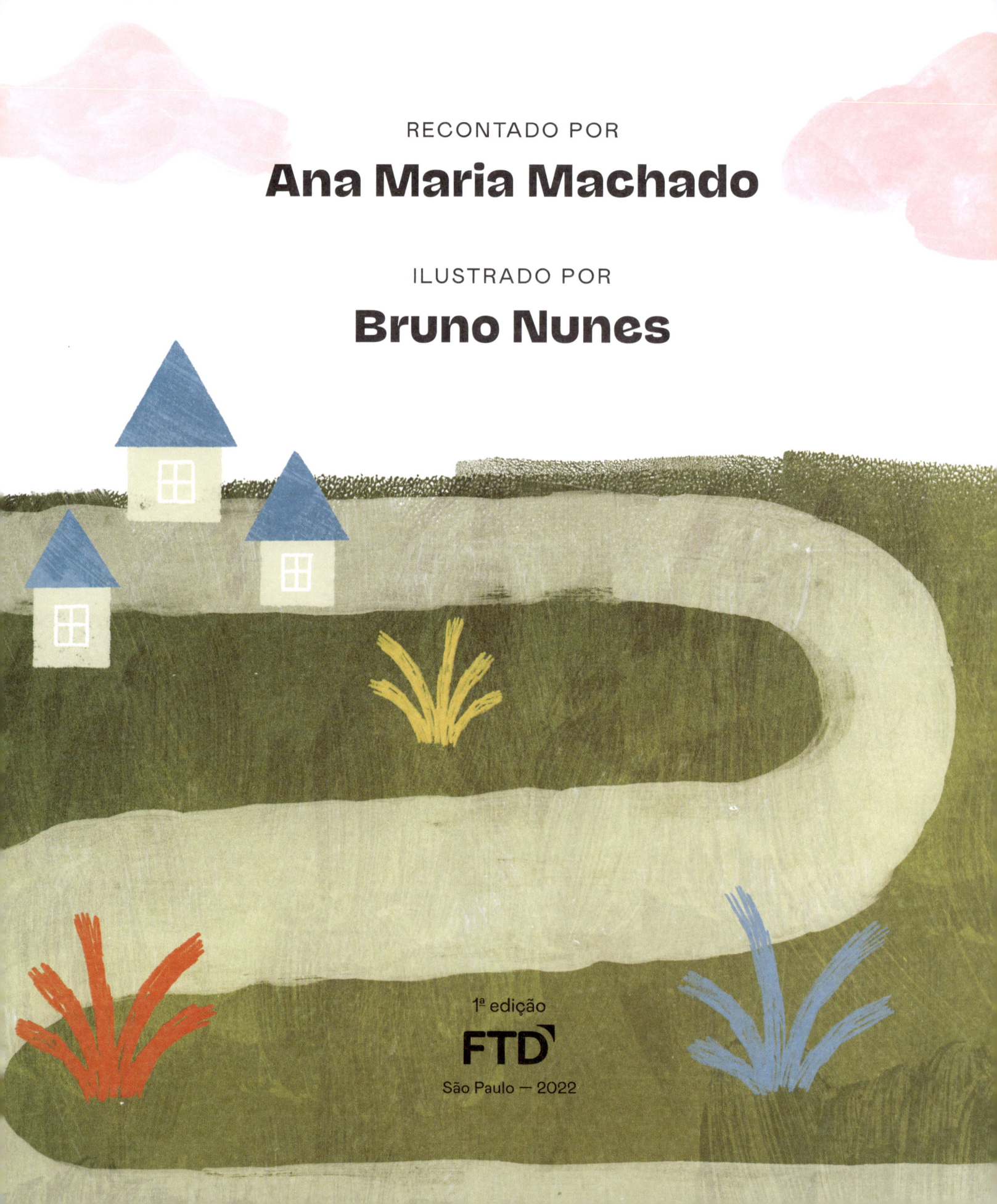

1ª edição
FTD
São Paulo — 2022

O alfaiate valente

Copyright © Ana Maria Machado, 2022

Reprodução proibida: Art. 184 do Código Penal e Lei 9.610 de 19 de fevereiro de 1998.

Todos os direitos reservados à
EDITORA FTD
Rua Rui Barbosa, 156 — Bela Vista — São Paulo — SP
CEP 01326-010 — Tel. 0800 772 2300
www.ftd.com.br
central.relacionamento@ftd.com.br

Diretor-geral **RICARDO TAVARES DE OLIVEIRA**
Diretor de conteúdo e negócios **CAYUBE GALAS**
Gerente editorial **ISABEL LOPES COELHO**
Editor **ESTEVÃO AZEVEDO**
Editora assistente **CAMILA SARAIVA**
Assistente de relações internacionais **TASSIA REGIANE SILVESTRE DE OLIVEIRA**
Coordenador de produção editorial **LEANDRO HIROSHI KANNO**
Preparadora **MARINA NOGUEIRA**
Revisoras **LÍVIA PERRAN E TEREZA GOUVEIA**
Editores de arte **DANIEL JUSTI E CAMILA CATTO**
Projeto gráfico e diagramação **ANDRÉ STEFANINI**
Diretor de operações e produção gráfica **REGINALDO SOARES DAMASCENO**

Dados Internacionais de Catalogação na Publicação (CIP)
(Câmara Brasileira do Livro, SP, Brasil)

Machado, Ana Maria
  O alfaiate valente / recontado por Ana Maria Machado; ilustrações de Bruno Nunes. — 1. ed. — São Paulo: FTD, 2022.

  ISBN 978-85-96-03249-0

  1. Contos — Literatura infantojuvenil I. Nunes, Bruno. II. Título.

21-92806   CDD-028.5

Índices para catálogo sistemático:
1. Contos: Literatura infantil 028.5
2. Contos: Literatura infantojuvenil 028.5

Cibele Maria Dias — Bibliotecária — CRB-8/9427

A - 768.706/22

ANA MARIA MACHADO é autora de mais de 100 livros e sua obra já foi traduzida em 28 países. Ganhadora de muitos prêmios, em 2000 recebeu o Hans Christian Andersen, considerado o Nobel da literatura infantil; em 2001, o Machado de Assis, maior prêmio literário nacional; e, em 2010, o prêmio Príncipe Claus, da Holanda, concedido a artistas e intelectuais de reconhecida contribuição nos campos da cultura e do desenvolvimento. Desde 2003, integra a Academia Brasileira de Letras.

BRUNO NUNES nasceu em Belo Horizonte, Minas Gerais. É ilustrador e autor, com graduação em Design Gráfico pela Escola de Design de Minas Gerais. Como autor, publicou dois livros, além de ter contribuído com imagens para mais de 20 livros de diversos autores nacionais. Por sua obra, ganhou o iF Design Award (Alemanha, 2018); o International Latino Book Awards (EUA, 2017); o prêmio Lusos (Portugal, 2014); o Moscow Global Biennale of Graphic Design Golden Bee (Rússia, 2014), entre outros.

Era uma vez uma terra onde ainda havia gigantes. Há muito, muito tempo. Num tempo em que não se compravam roupas e sapatos em lojas. Tudo era feito em casa. Ou em oficinas de artesãos.
Tudo dava uma trabalheira imensa.

Com o couro de animais, sapateiros faziam sapatos.

Com a lã das ovelhas, as mulheres trabalhavam em rocas e fusos para fazer fios. Ou transformavam em linhas as fibras de plantas como linho ou algodão cultivadas nos campos. Depois, teciam os fios em teares para fazer tecidos. Só então iam cortar e costurar os panos para fazer vestidos, camisas, toalhas, lençóis.

Com os tecidos mais grossos, para roupas de homem, os alfaiates cortavam e costuravam calças, casacos, paletós.

Pois esta é uma história desse tempo e dessa gente.
E de um alfaiate que nem sabia disso, mas acabou
descobrindo que podia ser muito valente.

É que, nesse tempo e nesse lugar, havia um alfaiate muito trabalhador, que vivia cheio de encomendas com dia certo para entregar. O nome dele era João, e estava sempre muito ocupado. Às vezes, nem tinha tempo para almoçar e jantar direito. Então, pegava uma fatia de pão, punha nele um pedaço de queijo ou passava manteiga ou mel e ia mordiscando nos intervalos do trabalho.

Certo dia, João estava ocupado costurando um casaco e ficou com fome. Então pegou um pedaço de pão, passou geleia, deu uma dentada, largou em cima da mesa e voltou à agulha e ao pano.

Rapidamente, apareceram moscas. Zzzzzzz... Atraídas pelo cheiro bom daquele lanchinho. Pousaram no pão. O alfaiate as espantou com a mão:

— Xô, moscaréu!...

Elas voltaram. Zzzzzzzz... Ficaram zumbindo e esvoaçando ao redor. Do pão com geleia e da cara dele. João as espantou de novo:

— Fora, moscaréu!...

Elas voltaram outra vez. Zzzzzzz... Ele perdeu a paciência, agarrou um pedaço de pano e deu uma boa lambada naquele moscaréu voador, zumbidor e irritante. Algumas caíram mortas em cima da mesa. E o alfaiate, rapidamente, tratou de interromper sua costura e comer logo o que restava do pão, antes que mais moscas aparecessem.

Depois, voltou ao trabalho e terminou o casaco que estava fazendo. Quando foi guardar a sobra do material, viu que havia sete moscas mortas em cima da mesa. Como sobrava uma faixa de lã num tamanho jeitoso, bem como ele estava querendo para amarrar na cintura, fez com ela uma espécie de cinto. Para enfeitar, ainda bordou na faixa:

DE UM GOLPE, MATEI SETE

No dia seguinte, quando foi ao mercado, o novo cinto fez sucesso. Os vizinhos comentavam. Logo lhe deram um apelido: João Mata-Sete. E assim ele ficou conhecido. Mas todo mundo ria dele, porque eram só sete moscas e todo mundo sabia... Ele ficou meio chateado e resolveu ir para longe por uns tempos. Sair pelo mundo em busca de aventuras e novidades. Ou, pelo menos, de um lugar onde se sentisse mais respeitado.

Andou, andou, andou...
No primeiro dia, encontrou um passarinho caído no chão, porque tinha sido atingido por uma pedra e estava com a asa machucada. Com pena, João recolheu o bichinho, cuidou dele, dividiu a comida que tinha. E deixou que o animal ficasse morando um tempo no bolso de seu paletó, enquanto descansava e se recuperava.

No segundo dia, sempre com o passarinho no bolso, encontrou uma velhinha carregando um feixe de gravetos para acender o fogo. Viu que aquilo era pesado, ficou com pena. Logo se ofereceu para ajudar, levando a lenha até a cozinha dela. Em troca, ela lhe deu um queijo fresquinho. E ele guardou no outro bolso do paletó.

No terceiro dia, João chegou a um lugar onde as pessoas viviam assustadas porque eram ameaçadas por um valentão. Um verdadeiro gigante perigoso, que resolveu desafiar João quando viu a faixa dele.

— Matou sete de um golpe, é?! Pois quero ver se aguenta o tranco de lutar comigo. Sou muito mais forte. Veja só como sou capaz de jogar longe esta pedra...

Dizendo isso, o gigante se abaixou, pegou do chão uma pedra e lançou-a longe, com toda a força, a uma distância enorme.

O alfaiate então disfarçou e fingiu que apanhava outra pedra no chão. Mas na verdade pegou no bolso o passarinho, que já estava bom da asa machucada e começava a se debater, querendo voar. Em seguida, João o soltou, num gesto de quem fingia jogar uma pedra.

O gigante, que era enorme mas meio burrinho, nem conseguiu acompanhar com a vista aquele vulto que ele achava que era uma pedra e que subia no céu até sumir da vista. Ficou espantado com a força daquele alfaiatezinho que parecia um fracote, mas não tinha medo dele.

O gigante inventou então outro desafio:

— Pois quero ver se você consegue esmigalhar uma pedra com os dedos, como eu faço. Olha só...

Pegou outra pedra no chão, apertou com força na mão, e ela virou poeira.

João ficou impressionado com a força do grandalhão, mas não teve medo. Disfarçou, fingiu que pegou no chão outra pedra, pôs a mão no outro bolso do paletó, e rapidamente pegou o queijo que estava lá guardado. Em seguida, disse:

— Pois eu não tenho medo de você. Fazer poeira de pedra é fácil. Eu quero ver se você consegue fazer isto. Veja como eu esmigalho esta pedra até ela virar água...

E, com as duas mãos, apertou com força o queijo, até escorrer o soro de dentro dele...

— Duvido que você consiga fazer o mesmo...

Sabendo que nunca ia conseguir fazer aquilo, o gigante então mudou de ideia. Desistiu de desafiar o alfaiate abertamente e resolveu fingir que era bonzinho:

— Gostei de ver. Você é mesmo um campeão. Vamos ser amigos. Juntos, nós vamos ser invencíveis. Venha jantar comigo lá em casa, conhecer meu irmão, passar uns dias conosco... Mas preciso que você me ajude a carregar um pouco de lenha para acender o fogo para o jantar.

João levou um susto quando viu o que o gigante estava chamando de "um pouco de lenha", pois o sujeito logo agarrou uma árvore enorme e a arrancou do chão.

Mas rapidamente o alfaiate tratou de inventar um truque, dizendo:

— Ótimo! Você segura nessa ponta menor e mais leve, enquanto eu vou carregando esta daqui que é maior e mais pesada...

E se dirigiu para a imensa copa da árvore, caída no chão, enquanto apontava para o gigante o outro lado, do tronco grosso, cheio de raízes. O grandalhão fez força, levantou-o do chão e o pôs nas costas, gemendo com o esforço, enquanto o alfaiate corria para a outra ponta, se metia pelo meio dos galhos, sentava-se num deles, bem cercado de folhas que o escondiam, e deixava o gigante fazer toda a força, carregando tudo sozinho.

Quando chegaram à casa do gigante, João viu que o tal irmão era ainda maior que ele. Começou a ficar muito preocupado. Aquilo estava ficando difícil... Até aquele momento, sua esperteza e valentia tinham ajudado, mas contra dois ia ser bem mais complicado. Ainda mais porque fingiu que precisava ir ao banheiro e, enquanto ficou escondido ouvindo a conversa deles, descobriu que pretendiam lhe dar uma surra e acabar com ele de noite enquanto dormisse.

Ficou bem atento e, durante o jantar, reparou que os dois gostavam de beber. Se esse era o ponto fraco deles, ia aproveitar bem. A toda hora, enchia de novo de vinho as canecas dos irmãos, até que notou que já estavam bem grogues, falando enrolado e com cara de sono. De sua parte, teve o cuidado de só beber água.

Quando chegou a hora de se deitarem, fingiu estar morrendo de sono e se recolheu no quarto que lhe indicaram. Mas, assim que ficou sozinho, saiu da cama, deixou os travesseiros e o cobertor amontoados em seu lugar, e se escondeu atrás de um baú.

O alfaiate nem precisou esperar muito e viu os dois gigantes chegando. Cada um com um porrete na mão. Mas tontos do jeito que estavam, nem distinguiam nada direito. Ainda mais no escuro, só com a luz do luar que entrava pela janela. Bateram naquela montoeira de travesseiros e cobertor em cima da cama, deram gargalhadas e saíram festejando:

— Matou sete, hein? Pois acabamos com ele.
— De um golpe, hein? Pois agora levou sete golpes... Só quero ver o que vai sobrar.

Nem dá para imaginar o susto que os dois gigantes levaram no dia seguinte quando estavam bem à vontade comendo seu mingauzinho de manhã e apareceu o alfaiate reclamando:

— Esqueceram de mim? Nesta casa hóspede não toma café da manhã, é? Cadê minha tigela de mingau? Também quero.

— Claro, claro, desculpe... — responderam os gigantes, sem entender o que estava acontecendo.

Olhavam para o alfaiate e não viam nenhuma marca de machucado. Nada vermelho. Nada inchado. Como é que aquele sujeitinho fracote e magricela tinha conseguido escapar de tanta pancadaria daquele jeito? Não tinha nem ao menos um arranhão...

Depois de comer, João tratou de sair dali o mais rápido que podia. Queria ir para bem longe, antes que os donos da casa resolvessem combinar mais algum ataque. Sabia que eles eram perigosos e não queria se arriscar mais. Só que os gigantes resolveram ir junto; não sei se para garantir que ele iria embora mesmo, ou se estavam com algum outro plano. E João tratou de se apressar, correndo na frente pela estrada, fingindo que estava saltitando de alegria:

— Ai, que belo dia! Dá vontade de dançar...

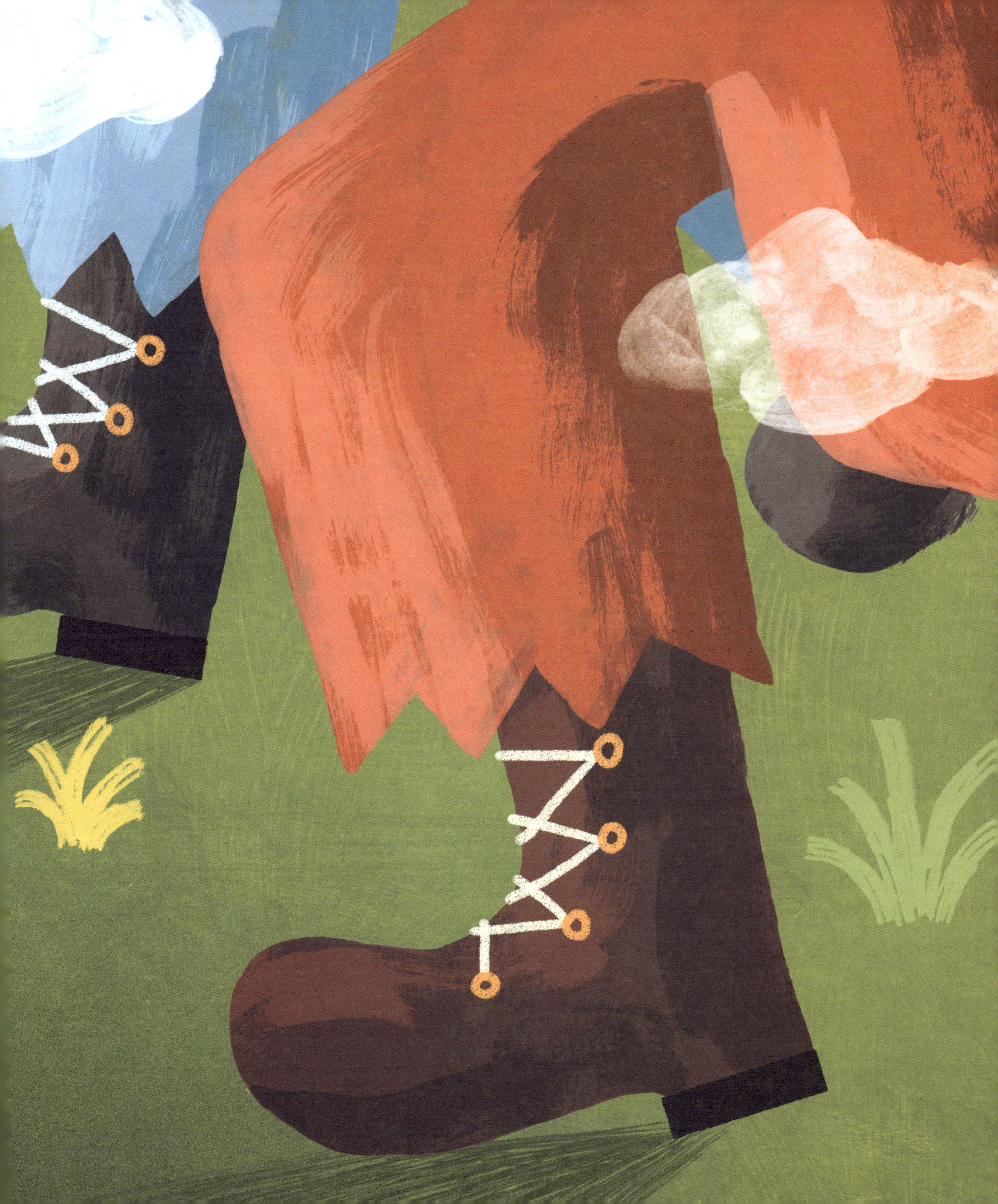

Os gigantes, pesadões, mal acordados, ainda com sono de tanto que beberam na véspera, mal conseguiam acompanhar. Logo propuseram uma parada para descanso. Foram se ajeitando debaixo de uma árvore e num instante estavam roncando. João aproveitou para se esconder lá no alto, pelo meio dos galhos e da folhagem, com o bolso cheio de pedras.

Depois, começou a provocar. Com um raminho, fazia cócegas no nariz de um dos gigantes, depois espetava a orelha do outro. Cada um achava que o outro era quem estava implicando e revidava com um tabefe. Daí a pouco, os dois começaram a brigar entre si e a se estapearem...

Depois cansaram, cochilaram de novo. Mas só um pouquinho, porque num instante o alfaiate já tinha jogado uma pedra num deles, que se levantou furioso e deu um chute no companheiro, que também levantou e revidou.

E assim seguiram, se mordendo e se beliscando sem parar, tropeçando e chutando um ao outro, até que caíram exaustos e feridos.

E não se levantaram mais. Tinham morrido.

Devagarzinho, João desceu da árvore e se preparava para sair correndo quando parou assustado. Tinha ouvido umas trombetas e um tropel de cavalos. Logo uns homens armados invadiram a clareira.

Era o rei, com alguns de seus guardas. Justamente naquela manhã, ele tinha saído para caçar na floresta e acabara de chegar àquela clareira. Mal acreditava em sua sorte quando descobriu que estava encontrando mortos os dois gigantes que havia um tempão vinham causando tanto estrago e prejuízo em seu reino. E que tanto queria ver liquidados. Justamente na semana anterior, o rei tinha prometido uma enorme recompensa ao herói que livrasse o reino daquela ameaça.

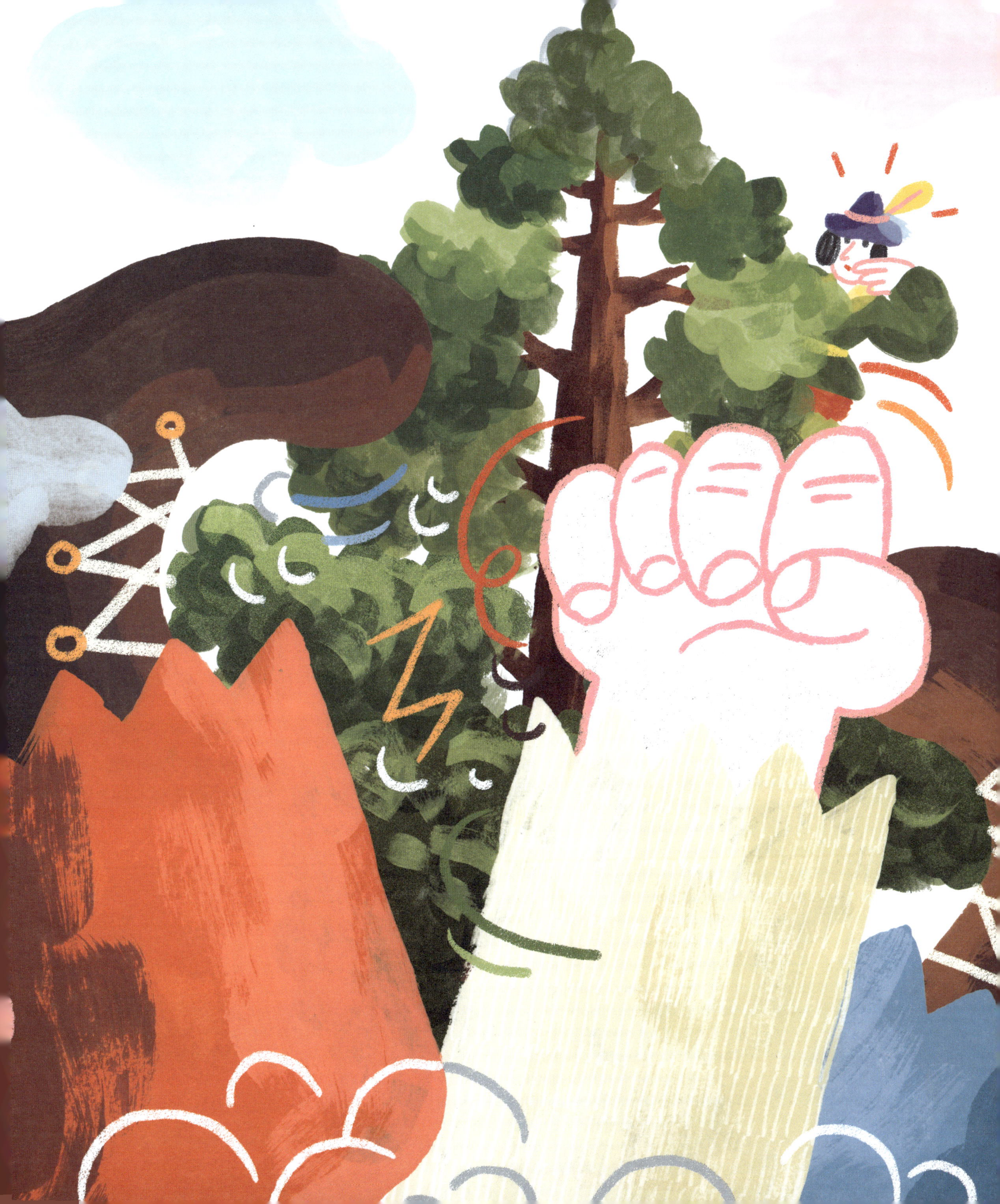

DE UM GOLPE, MATEI SETE

E ali mesmo, de pé, diante do rei e de seus guardas, um sujeito meio fracote contemplava os dois mortos. Numa pose de vencedor, de pernas abertas e mão na cintura. Cintura, aliás, onde havia uma faixa onde se podia ler com toda a clareza: DE UM GOLPE, MATEI SETE.

O chefe da guarda se aproximou de João e perguntou:

— Matou mesmo?

— Matei, sim, senhor... — respondeu ele.

— Contando com esses?

— Não, senhor. Com esses, são nove.

Então lhe contaram que havia um prêmio para quem matasse os gigantes. E João ganhou, é claro.

Tem até quem diga que ele também se casou com a princesa e um dia virou rei. Mas eu acho que isso é um exagero. Já está de bom tamanho contar que ele viveu feliz por muitos e muitos anos. E é isso que vamos dizer, porque é só isso que dá para garantir.

Verdade verdadeiríssima. Tão de verdade como afirmar que ele matou sete de um golpe. E mais dois gigantes. Mesmo.

SETE DE UM GOLPE

45

QUEM É
Ana Maria Machado

Meu nome é Ana Maria Machado e eu vivo inventando histórias. Algumas delas, eu escrevo. E, dessas que eu escrevo, algumas andam virando livros. Em sua maioria, livros infantis; quer dizer, livro que criança também pode ler. Adoro meu trabalho. Ainda bem, porque acho que não ia conseguir viver se não escrevesse. Tanto assim que já fui professora, jornalista (já fui chefe de uns 30 jornalistas ao mesmo tempo), já fiz programa de rádio e acabei largando tudo para só viver de livro. Coisas de que gosto: gente, mar, sol, natureza em geral, música, fruta, salada, cavalo, dançar, carinho. Coisas que eu não aguento: qualquer forma de injustiça ou prisão e gente que quer cortar a alegria dos outros. Mas isso eu nem precisava dizer — é só ler meus livros que todo mundo fica sabendo.

QUEM É
Bruno Nunes

Sou autor e ilustrador e vivo em Belo Horizonte, Minas Gerais. Como um bom mineiro, nunca recuso um convite para um café com pão de queijo! Escrevi e ilustrei dois livros: *Eu sou uma ilha* (2021), que foi criado após a perda de meu pai e conta a história de uma pequena ilha que se sente sozinha, e *Meu reino por um chocolate* (2017), que conta a história de um rei mimado, louco por chocolates. Ajudei também a dar cores e imagens a muitos livros infantis de diversos autores, inclusive da própria Ana Maria Machado. Nossa primeira parceria aconteceu em 2013, com *O pavão do abre e fecha*. É sempre um grande prazer poder dar vida aos textos que ela escreve. A riqueza de detalhes e o humor único de suas histórias tornam meu trabalho de ilustração muito mais fácil e divertido. Para criar a narrativa visual de *O alfaiate valente* e dar vida a todo esse universo dos contos tradicionais infantis, misturei a arte feita à mão, com tintas e pincéis, a técnicas digitais.

Produção gráfica

FTD EDUCAÇÃO | **GRÁFICA & LOGÍSTICA**

Avenida Antônio Bardella, 300 - 07220-020 GUARULHOS (SP)
Fone: (11) 3545-8600 e Fax: (11) 2412-5375

A comunicação impressa e o papel têm uma ótima história ambiental para contar

TWO SIDES
www.twosides.org.br